평범한 우리 어린이들을 다음 세대
위인으로 만들어 줄 교과서 위인 이야기!
효리원의 교과서 위인 이야기는 초등학교
교과 과정에 나오는 국내외 위인들을, 우리나라
최고 아동 문학가 53인이 재미있게 동화로 구성했습니다.
지혜와 용기로 위대한 삶을 산 위인들의 이야기는,
어린이들의 마음속에 '나도 할 수 있다.'는
희망의 씨앗을 심어 줄 것입니다!

KB192170

일러두기

1. 띄어쓰기와 맞춤법 : 초등학교 국어 교과서와 국립국어원의 『표준국어대사전』을 기준으로 하였습니다.

2. 외래어 지명과 인명 : 국립국어원의 『외래어 표기 용례집』을 기준으로 하였습니다.

3. 이해가 어려운 단어 : ( ) 안에 뜻풀이를 하였습니다.

4. 작가 연보 : 연도와 함께 나이를 표기하고, 업적을 간략히 소개하였습니다. 우리나라 위인은 태어난 해를 한 살로 하였고, 외국 위인은 만 나이를 한 살로 하였습니다. 정확한 자료가 없는 위인은 연도와 업적만을 나타냈습니다.

5. 내용 구성 : 위인의 삶은 역사적 자료를 바탕으로 최대한 사실적으로 구성하였습니다. 그러나 읽는 재미를 위해 대화 글이나 배경 묘사, 인물의 감정 표현 등에 작가의 상상력을 가미하였습니다.

6. 그림 구성 : 문헌을 바탕으로 위인이 살던 시대를 충실히 나타내도록 하되 복식의 색상이나 장식, 소품, 건물 등은 작가의 상상으로 그렸습니다.

7. 내용 감수 : 각 분야의 전문가들로 구성된 편집 위원들이 꼼꼼히 감수를 하였습니다.

편집 위원

김용만(우리역사문화연구소장)
교과서에서 만나는 위인들을 중심으로 일화와 함께 그림과 사진을 곁들여 지루하지 않게 읽을 수 있습니다. 술술 읽다 보면 학교 공부에도 많은 도움이 될 것입니다.

신현득(동시인, 전 새싹회 회장)
우리가 자주 듣고 접하는 역사 속 실존 인물들이 자신의 꿈을 이루기 위해 어떻게 노력했는지 깨달아 가면서 우리 어린이들은 한층 더 성숙해질 것입니다.

윤재운(동북아역사재단 연구 위원)
위인전을 읽으면서 어린이들은 시대를 넘어 간접 체험을 할 수 있습니다. 어떻게 살아야 하는지 인생에 대한 동기 부여와 함께 삶이 보다 풍요로워질 것입니다.

이은경(철학 박사, 전북과학대 유아교육학과 교수)
한 사람의 인격과 품성은 어릴 때 형성됩니다. 따라서 초등학교 저학년 때 어떤 책을 읽느냐에 따라 생각의 크기가 달라집니다. 어린이의 미래를 위해 이 책은 꼭 읽어야 합니다.

이창열(하버드 대학교 물리학 박사, 전 국가과학기술자문회의 전문 위원)
세상을 바꾼 위대한 인물의 이야기는 어린이의 인성 및 감성 발달에 큰 영향을 미칠 뿐 아니라 실험 정신과 개척 정신을 길러 줍니다. 용기와 지혜로 세상을 헤쳐 나가는 당당한 어린이를 꿈꾼다면 이 책은 꼭 한번 읽어 보아야 합니다.

정재도(한글학자)
위인으로 일컬어지는 이들은 어떤 생각을 하고, 어떤 삶을 살았을까요? 그들의 흔적을 담은 위인전은 복잡한 현대를 이끌어 갈 우리 어린이들에게 나침반과 같은 역할을 할 것입니다.

조수철(서울대학교 의과대학 소아정신과 교수)
위인전은 시대와 신분, 업적이 다른 위인들의 삶이 다양하고 흥미롭게 구성되어 있어 손쉽게 여러 삶의 모습을 만날 수 있습니다. 용기 있게 고난을 헤쳐 나간 위인의 이야기를 통해 삶의 지혜를 배울 수 있을 것입니다.

한·중·일 삼국의 해상권을 장악한 바다의 왕

장보고

이붕 글 / 이태호 그림

효리원
hyoreewon.com

바다로 둘러싸인 구석진 섬에서 천민으로 태어난 장보고는 그 당시 상황으로 보아 가질 만한 꿈도 없었고, 꿈을 이룰 만한 여건도 아니었습니다. 그런 장보고가 어떻게 오늘날까지 존경받는 훌륭한 위인이 되었는지 알아보면서 다음 몇 가지를 지도해야겠습니다.

첫째, 장보고가 좋지 않은 환경을 극복해 내고 꿈을 이루었다는 것을 생각해 보도록 해 주세요. 장보고는 신분을 탓하기보다는 자기가 가진 몇 가지 장점을 잘 살렸습니다. 누구보다도 잘 아는 바다, 스스로 갈고 닦은 무술, 당나라에 가서 터득한 장사 기술 등을 뛰어난 창의력과 판단력으로 살렸습니다. 이런 장보고의 삶은 어린이들에게 어떤 어려움 속에서라도 노력하면 꿈을 이룰 수 있다는 희망을 줄 것입니다. 둘째, 장보고의 나라 사랑과 민족 정신에 대해 생각해 보도록 지도해 주세요. 장보고는 일찍이 당나라에서 군인으로 인정을 받았습니다. 법화원을 설립하였으며, 장사에서도 성공해 돈도 벌고 신라방 사람들에게 존경을 받았습니다. 그렇지만 이 모든 걸 버리고 고국으로 돌아온 것은 바로 애국심 때문입니다. 사리사욕을 채우기보다 나라와 민족을 사랑하며 이를 위해 사는 것이 가치 있고 존경받을 만한 삶이라는 것을 어린이들이 깨닫게 해 주십시오. 셋째, 장보고가 비참한 최후를 맞이한 것과 관련해 지도해야 할 것이 있습니다. 장보고는 신라 왕실의 권력 싸움에 말려들어 비참한 최후를 맞이합니다. 딸을 왕비로 앉히면 더 큰 권력을 얻게 될 것이라는 욕심을 갖지 않았더라면 장보고 개인은 물론 청해진도 더욱 번창했을 것입니다. 요즘 문제가 되고 있는 정치 권력의 비리 등에 대해 이야기하면서 어린이들에게 청렴 정신을 지도하면 더욱 좋을 것 같습니다. 넷째, 요즘 전 세계가 바다 영토에 신경을 쓰는데, 그 이유를 설명해 주면서 바다 자원의 중요성에 대해 지도해 주십시오. 삼면이 바다인 우리나라 현실에서 해양 산업이나 해양 과학에도 관심을 갖도록 지도하는 것은 미래를 떠받칠 기둥을 키우는 일이 될 것입니다.

세계 여러 나라는 바다를 서로 차지하려고 분쟁을 일으킵니다. '바다를 차지한 나라가 세계를 지배한다.'라는 것을 그동안의 역사에서 경험한 때문이지요.

바다는 참으로 중요한 영토입니다. 석유를 비롯한 수많은 자원은 물론이며 해양 도시 건설 등 미래의 중대한 개척지로서 국토수호의 최전선입니다. 일본이 바위로 된 작은 섬 독도를 욕심내어 자기네 땅이라고 우기는, 말도 안 되는 야욕을 부리는 것도 이 때문입니다.

바다의 중요성을 1200년 전에 깨달은 사람이 있습니다. 신라의 장보고입니다. 해양 산업의 중요성을 누구보다 먼저 깨달은 장보고는 지금의 완도인 청해에 진을 설치해서 일본과 중국과 우리나라를 잇는 해상 무역을 벌여 해상왕이라 불렸습니다.

장보고는 신분 제도가 엄격한 시대에 작은 섬에서 천한 신분으로 태어났지만, 당나라로 건너가 많은 노력 끝에 결국 꿈을 이루었습니다. 바다 개척이 나라의 힘을 키우는 데 무엇보다 중요한 요즘, 꿈 많은 우리 어린이들에게 장보고는 훌륭한 본보기가 될 것입니다.

글쓴이 이 봉

차례

바다 소년의 꿈

　바다가 훤히 내려다보이는 언덕 위에서 궁복과 정년은 활 쏘기를 했습니다.

　"형, 활쏘기 그만하고 이제 칼싸움하자."

　"좋아."

　열심히 무술을 익힌 두 소년은 바위에 걸터앉아 잠시 땀을 식 혔습니다. 활쏘기는 궁복이, 칼싸움은 정년이 더 잘했습니다.

　"조음도까지 누가 빨리 가나 시합하자."

　조음도(지금의 전라남도 완도군 장도)는 이들이 사는 완도에

장보고 초상화 | 청해진을 설치하여 동양의 해상권을 장악했던 장보고의 모습입니다.

서 20여 리 떨어진 섬이었습니다.

"준비, 땅!"

두 소년은 부리나케 언덕을 달려 내려가 바다로 뛰어들었습니다.

그런데 한참이 지나도 둘의 모습이 물 밖으로 나오지 않았습니다. 잠수를 하고 있었던 것입니다. 두 소년의 잠수 실력은 어느 누구도 따르지 못할 정도였습니다.

궁복이 정년보다 두 살 많았지만, 둘은 친구처럼 지내며 함께 글을 배우러 다녔습니다.

궁복과 정년은 또래들과는 다른 생각을 하며 지냈습니다. 스승에게 들은 말 때문이었습니다.

"우리 신라는 태어날 때부터 귀족과 천민으로 신분이 정해

져 있어서 문제로구나."

스승은 궁복과 정년의 뛰어난 실력을 보면서 안타까운 나머지 이렇게 위로했습니다.

"하지만 당나라는 신분 제도가 엄하지 않아서 실력만 있으면 누구나 출세할 수 있단다. 너희처럼 무술이 뛰어나면 군인이 될 기회도 많지."

궁복과 정년은 그때부터 당나라로 건너가 군인이 되겠다는 꿈을 키우고 있었습니다.

조음도에 도착한 궁복과 정년은 잔잔한 바다 위로 떠가는 무역선을 바라보았습니다.

한참 생각에 잠겨 있던 궁복이 말했습니다. 비록 작은 목소리였지만 굳은 결심이 담겨 있는 말이었습니다.

"난 언젠가는 꼭 저런 배를 타고 당나라로 건너가서 훌륭한 군인이 될 거야."

"나도! 그런데 형, 어떻게 당나라 배를 타지?"

"당나라 무역선이 우리 마을까지 들어올 때가 있어. 그때 몰래 타면 돼."

"어려울 텐데……."

"쉬운 일이 어디 있겠어? 방법을 찾아봐야지. 이제 그만 돌아가자."

궁복과 정년은 썰물로 드러난 갯벌을 밟으며 마을로 돌아

왔습니다.

　갈림길에 다다른 궁복이 정년의 귀에 대고 다짐을 받아 냈습니다.

"비밀이야! 부모님이 아시면 절대 갈 수 없으니까."

"말하지 않고 몰래 가자고! 무척 걱정하실 텐데?"

정년은 놀라 궁복에게 되물었습니다.

"당나라에 가는 걸 허락하실 부모님이 어디 계시니? 무역선이 오기만 하면 무조건 타는 거야. 우리가 떠나고 난 뒤에 아시도록 스승님께 부탁드려야겠다."

그날 이후 궁복과 정년은 당나라 배가 들어오기만을 기다렸습니다.

두 소년 가운데 궁복이라 불리는 아이가 장보고였습니다. 궁복은 장보고의 어릴 때 이름이었습니다.

당나라를 향해

　기다리고 기다리던 당나라 무역선이 들어왔습니다. 궁복과 정년은 두근거리는 가슴을 누르며 포구(배가 드나드는 곳)로 달려갔습니다.

　배가 떠나는 시각을 알아낸 뒤, 그들은 스승을 찾아가 결심을 말씀드렸습니다. 스승은 두 소년의 뜻을 이해하고 격려해 주었습니다.

　궁복과 정년은 밤이 깊어지면 다시 만나기로 하고 헤어졌습니다.

"배는 새벽에 출발하지만 미리 들어가 있어야 해. 늦지 않게 와. 기회를 놓치지 말자."

저녁을 먹은 궁복은 피곤해서 일찍 자겠다며 부모님께 문안 인사를 드렸습니다. 이제 떠나면 언제 다시 뵐지 모른다는 생각에 가슴이 아렸습니다.

"거기 좀 앉아라."

아버지가 갑자기 궁복을 불러 앉혔습니다.

궁복은 가슴이 철렁했습니다.

"이 아비처럼 평생 고기잡이를 하면서 살아갈 네가 아니란 걸 이미 알고 있었다."

부모님은 이미 궁복의 생각을 알고 있었던 것입니다.

"너도 나처럼 살게 하고 싶지는 않다. 넌 아직 젊으니 더 넓은 곳으로 가라."

"아버지……!"

궁복의 어머니도 보퉁이에 솜옷과 주먹밥을 싸며 말했습니다.

"어디에 있든 몸 건강해야 한다."

궁복의 아버지는 조금도 흐트러지지 않은 목소리로 말을 이었습니다.

"배에 오르는 순간부터 너 혼자 판단하고 행동해야 하는 것이니라. 마음 단단히 먹어라."

"잘 알겠습니다."

부모님께 작별 인사를 하고 나온 궁복은 정년과 만났습니다. 낮에 보아 둔 배의 뒷문을 통해 창고로 들어간 둘은 꼼짝하지 않고 숨어 있었습니다.

그런데 다음 날, 살금살금 뒷간(화장실)에 다녀오던 궁복과 정년은 그만 들키고 말았습니다. 선장실로 끌려가 말이 통하는 신라 스님과 이야기를 나누게 되었습니다.

"무작정 당나라에 가면 돈 벌고 출세하는 줄 아느냐? 물 설고(익숙하지 않다는 뜻) 말 설어 고생이 이만저만 아니니 돌아가거라."

"고생해도 괜찮습니다. 저희는 이번에 꼭 당나라로 들어가야만 합니다."

◐ 장보고 기념비 | 중국의 적산 법화원 터에 장보고의 업적을 기려 세운 기념비입니다.
◐ 장보고 공적비 | 장보고가 신라 흥덕왕에게 해적 소탕을 건의하자 조정에서는 그를 청해진 대사에 임명하고 공적비를 세워 그 공을 칭찬했습니다.

스님은 궁복과 정년의 결심이 굳은 것을 보고는 그냥 데려가 달라고 선장에게 부탁했습니다.

배가 산둥 반도 등주에 도착했습니다. 스님은 궁복과 정년을 어떤 가게에 소개시켜 주었습니다. 주인은 당나라 말을 빨리 배울 수 있도록 신경 써 주었습니다. 뛰어난 무사이기도 했던 가게 주인은 궁복과 정년이 부지런히 일하자 무술도 가르쳐 주었습니다.

그렇게 2년이 흐르자 주인은 궁복과 정년을 신라원에 있는 스님에게 보냈습니다.

"너희 두 녀석의 실력이 아까우니 내가 무술을 가르쳐 주었으면 좋겠다는 내용이구나."

스님은 가게 주인이 써 보낸 편지를 읽고 말했습니다.

"배우는 것도 어렵지만, 배운 것을 어떻게 사용하느냐가 더 중요한 것이니라."

궁복과 정년은 스님의 뜻을 새겨들었습니다.

뛰어난 군관

당나라에는 신라 사람들이 모여 사는 신라방이 있었습니다. 궁복과 정년은 신라방에서 수레를 끌며 소금과 목탄 장사를 했습니다. 어렵고 힘이 들었지만 스님에게 무술을 배워 익히는 것도 게을리하지 않았습니다.

이렇게 3년이 흐른 어느 날이었습니다. 시장통에서 돈을 뜯어 가는 깡패들이 소금에 물을 부으며 시비를 걸었습니다.

"이봐, 소금 장수. 신라 놈이군. 누구 맘대로 여기서 장사를 하는 거야?"

"신라 놈이라니?"

곧 싸움이 붙었지만 궁복과 정년이 그동안 배운 무술 실력을 보이자 싸움은 싱겁게 끝났습니다. 시장 사람들은 두 사람의 무술 실력에 감탄했습니다.

부지런히 무술을 익히며 수레를 끈 지 5년째 되던 해였습니다. 궁복과 정년에게 드디어 기회가 찾아왔습니다. 당나라 조정에서 평로치청(고구려 유민 이정기가 세운 작은 왕국)을 물리칠 관군을 모집했던 것입니다.

궁복과 정년은 무령군에 당당하게 합격해 왕지흥이 이끄는 군단에 들어갔습니다. 궁복의 활 솜씨와 정년의 창 실력은 따를 사람이 없었습니다.

왕지흥이 이끄는 군사들은 첫 번째 전투에서 크게 이겼습니다. 큰 공을 세운 궁복과 정년은 병사 500명을 거느리게 되었습니다.

어느 날 왕지흥이 궁복에게 물었습니다.

"그대는 성이 궁이라서 활을 잘 쏘는 것이오?"

"성은 없고, 어려서부터 활을 잘 쏜다 하여 궁복이라 불렸습니다."

신라에서는 귀족이 아니면 성을 가질 수 없었으므로 궁복

은 성이 없었습니다.

"궁은 성이고 이름이 복인 줄 알았소이다. 용감한 장수가 성이 없어서야 되겠소?"

한참 생각하던 왕지흥이 말했습니다.

"'궁'과 비슷한 당나라 글자 '장'을 성으로 하고, 그대 이름 인 '복'을 우리 식으로 발음하면 '보고'이니, 이름을 '장보고' 라 하면 어떻겠소?"

이렇게 해서 궁복의 이름은 '장보고'가 되었습니다.

장보고는 곧 소장으로 진급했습니다. 장보고와 정년의 실 력은 신라방은 물론이고 당나라 전체에 알려졌습니다.

어느 날, 장보고와 정년은 신라방에서 살 때 도움을 주었던 사람들을 만나러 길을 떠났습니다. 가는 길에 신라에서 잡혀 와 노예가 된 불쌍한 아이들을 보게 되었습니다.

"이럴 수가!"

아이들을 구한 장보고는 몹시 분개했습니다.

'아, 신라는 도대체 무엇을 하고 있단 말이냐. 노략질을 하

고 백성들을 잡아다 노예로 팔아먹는 해적 하나 막지 못하다니…….'

장보고는 어떻게 하면 해적을 모조리 없앨 수 있을까 하고 밤낮으로 고민했습니다.

법화원을
세우고

819년 산둥 반도 지역을 지배하던 평로치청은 무령군에게 완전히 토벌되었습니다. 당나라 정부는 이제 관군을 줄이게 되었습니다. 그러자 장보고는 새로운 일을 하기로 마음먹었습니다.

"활과 칼을 벗어 놓고 장사를 해야겠어. 그러면 노예로 팔려 와 고생하는 신라 사람들을 위해 일할 수 있을 거야."

그러나 정년은 제대를 반대했습니다. 결국 장보고와 정년은 다른 길을 가기로 했습니다.

그 무렵 당나라 장삿배들은 해적의 공격을 막기 위해 자위대(자기 나라의 평화와 독립, 안전을 지키기 위해 만든 단체)를 만들어야 했습니다.

"마침 무령군 소장 장보고가 제대를 했답니다."

소식을 들은 그들은 장보고를 모셔 갔습니다.

무역 선단에 들어간 장보고의 실력은 육지에서와 마찬가지로 바다에서도 빛을 발했습니다.

얼마 뒤 장보고는 자위대를 그만두고 신라방 사람들과 장사를 시작했습니다. 신라와 일본은 물론 멀리 인도까지 다니면서 장사를 했습니다.

"장군님 덕분에 해적에게 당하지 않고 장사를 할 수 있게 되었어요."

사람들은 군사력이 뛰어난 장보고를 존경하는 마음에 장군이라 불렀습니다.

'해적들이 아직도 신라 사람들을 잡아다 노예로 팔고 있는데……. 옳지, 두목을 생포해야겠다.'

장보고는 곧 해적 소탕 작전을 세웠습니다.

"아주 비싼 물건을 싣고 출항할 테니, 떠나
는 날짜를 미리 퍼뜨려라!"

장보고가 일부러 퍼뜨린 소문을 들은 해적
들은 적산포 앞바다 근처 무인도에 숨어 있
었습니다.

"배를 돌려 도망가는 척하면서 해적들이 가까이 다가오도록 유인하라!"

해적들은 그런 줄은 꿈에도 모르고 다가와 배를 에워쌌습니다. 장보고는 두목을 향해 활을 쏘았습니다.

"으윽, 이게 어찌 된 일이냐? 장삿배가 아니고 무장선이더냐?"

"두목님, 우리가 속았습니다. 무령군 소장 장보고의 배입니다."

"뭐, 장보고라고?"

해적을 붙잡아 돌아온다는 소식에 신라방 사람들이 환영하러 나왔습니다.

"장군님 만세!"

판단력이 뛰어나고 무술에 능한 장보고는 당나라에 살고 있는 신라 사람들의 지도자가 되었습니다.

장보고는 이에 그치지 않고 해상 무역의 중심지인 적산촌에 법화원을 짓기로 했습니다.

'해상 무역이 성공하려면 무엇보다 안전하게 항해를 할 수 있어야 해. 먼저 황해 바닷길의 중심이고, 신라인들이 많이 사는 적산촌에 절을 세우면 여러 가지로 도움이 될 거야.'

장보고는 곧 많은 비용을 들여 법화원을 세운 뒤, 승려가 아닌 무예가 뛰어난 사람들에게 절의 관리를 맡겼습니다.

법화원은 신라방의 요새였으며, 신라에서 온 여행자나 무역하는 사람들의 숙소가 되었습니다. 적산포는 마치 신라의 바닷가 마을을 그대로 당나라에 옮겨다 놓은 것 같았습니다. 신라 사람들은 신라 옷을 입고 신라의 절에서 마음을 의지할 수 있었습니다. 장보고 장군은 신라방 사람들을 지키는 큰 기둥이었습니다.

그리운
조국으로

해적들은 장보고 장군의 이름만 들어도 나타나지 못했습니다. 당나라 상인들도 돈을 많이 주겠다며 호위대장으로 모셔 가려 했습니다.

그럴 때마다 장보고는 이렇게 거절했습니다.

"우리 동포들이 살고 있는 이곳의 안전이 저에게는 돈보다 더 소중합니다."

장보고는 신라에서 잡혀 오는 노예들을 구할 때마다 생각했습니다.

'잡혀 오기 전에 막아야 해. 서라벌 귀족들은 자기들의 부귀영화를 쌓는 데만 매달릴 뿐, 섬사람들에게는 전혀 관심이 없구나. 내 손으로 신라 바다를 지켜야겠어.'

이렇게 결심한 장보고는 정년을 찾아갔습니다.

"함께 돌아가 신라 바다에서 날뛰는 해적들을 물리치세. 우리 둘이 힘을 합친다면 해적 따윈 아주 간단히 해치울 수 있을 거야."

"그럴 수는 없어요. 신라로 돌아가면 여기서만큼 대접받지 못해요."

"출세와 이익을 따진다면 물론 나도 가지 않아. 그렇지만 노예를 사고파는 일은 반드시 없애야 해. 이곳 바다는 육지와 가깝기 때문에 숨을 곳이 너무 많아 모조리 잡아들일 수가 없지 않나. 청해에서 뿌리를 뽑아야 해."

"형님, 우리가 신라를 떠나올 때 꼭 성공하자고 했던 각오를 잊었어요?"

"내 나라 백성, 내 나라 바다를 지킬 수 있다면 그것이 바로 큰 성공 아니겠는가. 자네가 함께 가지 않겠다면 나 혼자라도 가겠네."

장보고는 정년을 설득하지 못한 채 신라원 스님을 찾아갔습니다.

"신라로 돌아가 바다를 지키겠습니다."

"뜻은 좋지만, 혼자 힘으로 할 수 있겠소? 신라 조정에서는 해적 소탕에 전혀 힘을 쏟지 않는데."

"청해에 진을 설치할 수 있도록 허락을 받겠습니다."

"그렇다면 충분히 해낼 수 있을 것이오. 그럼 장 장군을 도와 달라고 내가 궁에 연락을 해 두겠소."

장보고의 뜻을 높이 산 스님은 신라 귀족 김우징에게 편지를 보냈습니다. 김우징은 상대등 벼슬을 하고 있던 아버지 김균정과 의논한 끝에 흥덕왕에게 아뢰었습니다.

"당나라에서 이름을 떨친 장보고 장군이 벼슬을 버리고 신라로 돌아온다고 하옵니다."

"듣던 중 반가운 소식이구려. 가뭄으로 먹을 것도 없는데

서남 해안에 출몰해 백성들을 괴롭히는 해적을 물리칠 사람이 없어 걱정하던 중 아니오!"

흥덕왕은 장보고의 귀국에 희망을 품었습니다.

귀족들은 세력 싸움만 하느라 백성을 돌보지 않고 있었기 때문입니다.

한편 신라방 사람들은 장보고가 신라로 돌아간다는 말을 듣고 매우 섭섭해했습니다.

"장군께서 이곳을 떠나시면 저희는 어떡합니까? 가지 마십시오."

"신라로 돌아가 바다를 튼튼하게 지키는 것은 곧 이곳 신라방을 지키는 일이기도 하오. 우리 바다가 안전하면 여러분의 장사에도 도움이 될 것이오."

그 누구도 장보고의 결심을 막지 못했습니다.

청해진을
세우다

장보고는 신라 제42대 흥덕왕 때인 828년 4월 신라로 돌아왔습니다. 대신들은 장보고가 신분이 낮은 섬사람이라는 등 험담을 했습니다. 벼슬자리를 얻어 서라벌에 주저앉으려는 것으로 짐작했던 것입니다.

그러나 쓰러져 가는 나라를 일으킬 좋은 방법을 가져오길 기대한 흥덕왕은 장보고를 반갑게 맞이했습니다.

"그대의 소원이 무엇이라 했느냐?"

"청해에 군사 기지를 만들어 해적을 물리치고 싶습니다."

"꼭 청해여야 하는 이유라도 있느냐?"

"소인의 고향이라 그곳 물길은 누구보다 잘 알며, 당나라와 일본을 잇는 중요한 곳이기 때문입니다. 또한 왜구와 당나라 해적선을 소탕하기에 적당한 곳입니다."

흥덕왕은 고개를 끄덕이고는 곧바로 명령을 내렸습니다.

"좋다. 청해진 설치를 허락하고, 그대를 청해진 대사로 임명하노라. 그리고 1만 명의 군사를 거느릴 수 있는 권한을 내리노라."

고향으로 돌아온 장보고는 청해진 설치 준비를 차근차근해 나갔습니다.

"조음도에 군사 기지를 만들어야겠다."

그는 성벽을 쌓고 바다를 한눈에 살필 수 있는 망루를 세웠습니다. 배가 드나들기 편하도록 선착장도 새로 만들었습니다. 또한 성능 좋은 배를 만드는 일에도 온 힘을 쏟았습니다.

"해적과 맞서 이기려면 그들 배보다 뛰어나야 한다!"

준비를 완벽하게 끝낸 며칠 뒤, 망루에 올라 보초를 서던

군사가 외쳤습니다.

"해적선이다! 해적선이 나타났다!"

보고를 받은 장보고 대사는 직접 망루로 올라갔습니다.

"당나라 해적선들이다."

장보고 대사의 지휘에 따라 곧 소탕이 이루어졌습니다. 해적선은 쉽게 무너졌습니다. 이때부터 당나라 해적선은 청해진이 무서워 신라의 바다에 나타나지 못했습니다.

"이제 일본 해적들을 물리칠 차례다!"

장보고 대사는 쓰시마섬 앞바다까지 진격해 바다를 지켰습니다. 신라의 동해안과 남해안을 무대로 노략질을 일삼던 일본 해적들을 물리쳤습니다. 그러자 일본 사람들은 장보고 대사를 바다를 지키는 신이라 불렀습니다.

청해진을 설치한 뒤 해적들은 몰라보게 줄었습니다. 어디를 가든 청해진으로 가서 통행증을 받아야 했기 때문입니다.

바다 왕국

　'청해진을 당나라와 일본을 잇는 무역의 중심지로 만들어야겠다.'

　장보고는 각 신라방의 대표 상인들에게 연락해 법화원에 모이도록 했습니다.

　신라방 대표들은 청해진 대사 장보고가 나타나자 반가움을 감추지 못했습니다.

　"장군님!"

　"장보고 대사님이시군요!"

장보고는 국제 무역의 중요성과 역할을 설명했습니다.

"지금 신라와 일본의 외교는 끊어져 있습니다. 나라끼리 하는 무역이 막혔다는 이야기입니다. 그러므로 개인과 개인이 나서서 무역을 해야 합니다."

설명을 들으며 모두들 고개를 끄덕였습니다.

"우리 신라의 위치는 당나라나 일본과 무역을 하기에 매우 유리합니다. 더구나 일본은 당나라 물품을 무척 좋아하기 때문에 우리 신라 상인들이 중간에서 무역을 할 수 있습니다."

그때 한 사람이 불안한 듯 물었습니다.

"일본이 물건을 사고팔 때, 우리 신라를 거치지 않고 직접 당나라로 가면 어떻게 되는 건가요?"

장보고 대사는 자신 있게 대답했습니다.

"배 만드는 기술과 항해술이 뒤떨어지는 일본은 우리 육지와 가까운 바다를 지나지 않고는 당나라까지 갈 수가 없습니다. 육지에 가까운 항로를 이용해야만 태풍을 피할 수 있기 때문에 신라의 남해안과 서해안을 반드시 통과해야만 하는 입장이지요. 이 말은, 우리가 청해를 세 나라 무역의 중심지로 만들 수 있다는 뜻입니다."

장보고는 청해진 바다의 흐름이 독특하다는 걸 잘 알고 있었습니다. 다른 곳과 반대로 흐르는 이 현상을 이용하면 적을 공격할 때 유리한 입장

이 될 수 있었습니다.

　이 사실을 모르는 왜구의 배들은 난파당하기 일쑤여서 신라의 허락 없이는 이곳을 통과할 엄두를 내지 못했습니다. 바다가 잔잔한 날 몰래 지나치려 해도 장보고에게 곧 들키고 말았습니다.

장보고 대사의 계획대로 하나가 된 신라방과 청해진은 세 나라를 상대로 무역을 하는 발판이 되었습니다.

장보고는 청해진을 세 가지로 활용했습니다.

첫째는 해적을 소탕하는 군사 기지로, 둘째는 신라의 물건을 일본과 당나라로 수출하는 무역항으로, 셋째는 일본과 당나라의 상품을 운반해 주는 중간 역할의 중심지로 만들었던 것입니다.

이처럼 모든 일이 계획대로 잘 되어 가고 있었지만, 장보고는 가끔씩 정년의 소식이 궁금했습니다.

'정년은 어떻게 지내고 있을까? 신라로 돌아와 나와 바다를 지키면 좋을 텐데⋯⋯.'

장보고는 이런 생각을 하며 정년이 신라로 돌아오기를 기다렸습니다.

억울한 죽음

　장보고가 이끄는 청해진이 위력을 떨치고 있을 때, 신라 왕실에서는 자식이 없던 흥덕왕이 죽고 왕족들 사이에 권력 다툼이 벌어졌습니다. 이 난은 김제륭이 신라의 제43대 희강왕이 되면서 끝났습니다. 이때 반대파는 죽임을 당하거나 벼슬을 빼앗겼습니다.

　겨우 목숨을 건진 김우징(신라 제45대 왕 '신무왕'의 본명)은 피신할 곳으로 청해진을 생각해 냈습니다. 장보고가 청해진을 설치할 수 있도록 도와준 인연이 있었기 때문입니다.

장보고 동상 | 중국 적산의 법화원에 있는 장보고 대사의 동상입니다.

'장보고라면 나를 반겨 주겠지. 일단 그곳에 숨어서 힘을 키운 다음에 기회를 노리자.'

김우징은 서라벌을 빠져나와 산나물 캐는 사람으로 변장한 채 청해진으로 숨어들었습니다.

그렇게 찾아온 김우징이 군사를 일으키자고 하자 장보고는 고민에 빠졌습니다.

'왕실 싸움에 끼어들지 말고 중립을 지켜야지. 하지만 청해진을 설치하게 해 준 사람이잖아. 숙부를 죽이고 왕위에 오

장보고 공원

우물 | 청해진 입구에 있는 우물입니다.

른 일당도 옳지 않고……'

그사이 희강왕은 스스로 목숨을 끊고, 김명이 제44대 민애왕이 되었습니다.

그 무렵 김양이라는 사람이 청해진으로 들어왔습니다. 그는 벼슬을 지냈던 무주로 가서 가장 믿고 따르던 부하 염장과 김양순을 찾아 군사들을 끌고 왔습니다. 역적 김명을 없애려는 같은 목적으로 김우징과 김양이 청해진에 모인 것입니다.

장보고는 여전히 망설이고 있었습니다. 그때 허름한 차림의 남자가 장보고를 찾았습니다. 바로 정년이었습니다.

"아니, 이게 누군가? 잘 돌아왔네, 잘 돌아왔어!"

"이렇게 반겨 주시니 감사합니다."

장보고는 매우 반가워하며 정년에게 군사를 내주었습니다.

"김양과 함께 역적들을 무찔러 주게."

"알겠습니다."

김양이 데려온 군사와 장보고가 정년에게 내준 군사들을 이끌고 김우징은 경주로 쳐들어갔습니다.

"신라 왕실의 위엄을 바로 세우겠다. 모두들 나를 따르라!"

사실 장보고가 김우징을 돕기로 결심을 한 것은, 김우징이 장보고의 딸을 두 번째 왕비로 맞겠다는 약속을 했기 때문이었습니다. 장보고는 김우징으로부터 이 말을 듣고 결심을 굳힌 것이었습니다.

반란이 성공을 거두어 김우징은 제45대 신무왕이 되었습니다. 그러나 김우징은 장보고의 세력이 강해지는 걸 막아야 한다고 생각했습니다.

'장보고의 딸을 왕비로 맞겠다고 약속은 했지만, 내키지가 않는군. 지금도 장보고의 세력을 무시할 수 없는데 그의 딸과 혼인까지 하면 장보고의 힘이 더 커질 텐데······.'

망루 | 청해진 병사들이 주변을 정찰할 때 이용하던 망루로, 높이는 7.35미터입니다. 완도의 장보고 유적지 내에 복원된 모습입니다.

　군신들도 섬사람의 딸을 왕비로 맞아들일 수는 없다고 반대를 해, 혼인은 자꾸만 미루어졌습니다.

　그런데 왕이 된 지 6개월 만에 신무왕은 세상을 뜨고 말았습니다. 그리하여 신무왕의 아들 김경응이 제46대 문성왕이 되었습니다.

그러자 김양은 자기 딸을 왕비로 만들 계획을 세웠습니다. 그러면서 이렇게 걱정했습니다.

'자기 딸이 왕비가 되지 못한 것에 불만을 품고 장보고가 청해진 군사를 몰고 덤벼들면 어쩌지?'

김양은 이를 막으려고 음모를 꾸몄습니다. 부하 염장을 역적으로 만들었다가 탈옥한 것처럼 꾸며 청해진으로 보냈습니다.

염장은 장보고 앞에 엎드려 말했습니다.

"소인은 장군의 딸이 왕비가 되어야 한다고 아뢰었다가 사형을 당할 지경에 이르렀습니다. 겨우 도망쳐 나와 여기까지 왔으니 받아 주십시오. 충성을 다하겠습니다."

장보고는 술을 가득 따라 염장에게 건넸습니다.

"술 한잔 마시고 배신감이나 울분을 다 털어 버리게. 청해진의 발전을 위해 술잔을 비우세!"

염장은 술을 마시는 척하면서 기회만 노렸습니다.

　마음이 복잡해진 장보고는 연거푸 술을 마셨습니다. 그러다 몸을 가누지 못하고 엎어졌습니다. 염장은 그 순간을 놓치지 않고 숨겨 온 칼을 꺼내 장보고의 가슴에 꽂았습니다.

　"으윽!"

　장보고는 그 자리에서 숨을 거두고 말았습니다. ✿

장보고의 삶

연 대	발 자 취
~790년 무렵	통일신라 제38대 원성왕 무렵에 태어난 것으로 추측되다. 유년과 소년 시절에 바다를 벗하며 완도 장좌리에서 자라나다. 고을 선비에게 글을 배우고 열심히 무예를 연마하다.
810년 무렵	큰 뜻을 품고 정년과 함께 당나라로 건너가다. 당나라에서 만난 신라 스님에게서 무술을 배우다. 신라방에서 소금 · 목탄 장사를 하다.
815년 무렵	당나라 무령군에 지원하다.
818년 무렵	이름을 장보고라 하다.
819년	운주성 공격에서 공을 세우다. 당나라에서 평로치청군 평정에 공을 세우다. 당나라 서주 무령군 소장이 되다.
821~828년	무령군에서 나오다. 무역업을 시작하다. 산둥성 적산촌에 법화원을 세우다.
828년	신라로 돌아오다. 흥덕왕 3년에 청해진 대사로 임명되다.
829~838년	해적과 왜구를 소탕하고 바다의 해상권을 잡다. 국제 무역을 하여 해상 왕국을 이룩하다.
836년	흥덕왕이 승하한 후 왕위 다툼이 일어나다.
838년	12월, 정년이 청해진으로 돌아오다. 김우징의 평동군을 돕다.
839년	민애왕이 죽고 신무왕이 왕위에 오르다. 신무왕(김우징)에 의해 감의군사에 임명되다. 신무왕, 6개월 만에 병으로 죽다.
840년	문성왕에 의해 진해 장군에 임명되다.
842년	딸의 왕비 간택 문제로 조정 대신들과 다툼이 일다.
846년	김양이 밀파한 염장에게 암살당하다.
851년	12월, 신라 조정이 청해진을 파하고 백성들을 벽골군(오늘날의 전라북도 김제시)으로 옮기다.

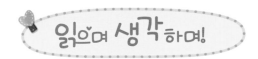

1. 장보고의 어린 시절 친구로, 함께 당나라에 건너간 사람은 누구인가요?

_____

2. 장보고가 당나라에서 신라로 돌아온 뒤 처음 맡은 벼슬은 무엇인가요?

장보고는 신라 제42대 흥덕왕 때인 828년 4월 신라로 돌아왔습니다. 대신들은 장보고가 신분이 낮은 섬사람이라는 등 험담을 했습니다.

벼슬자리를 얻어 서라벌에 주저앉으려는 것으로 짐작했던 것입니다. 그러나 쓰러져 가는 나라를 일으킬 좋은 방법을 가져오길 기대한 흥덕왕은 장보고를 반갑게 맞이했습니다.

"그대의 소원이 무엇이라 했느냐?"

"청해에 군사 기지를 만들어 해적을 물리치고 싶습니다."

_____

3. 장보고가 해상 무역의 성공을 위해 적산에 세운 절의 이름은 무엇인가요?

_____

_____

4. 궁복과 정년은 자신의 꿈을 펼치기 위해 부모님의 허락을 받지 않고 몰래 당나라로 갈 계획을 세웁니다. 이러한 행동에 대해 어떻게 생각하나요?

> 갈림길에 다다른 궁복이 정년의 귀에 대고 다짐을 받아 냈습니다.
> "비밀이야! 부모님이 아시면 절대 갈 수 없으니까."
> "말하지 않고 몰래 가자고! 무척 걱정하실 텐데?"
> 정년은 놀라 궁복에게 되물었습니다.
> "당나라에 가는 걸 허락하실 부모님이 어디 계시니? 무역선이 오기만 하면 무조건 타는 거야. 우리가 떠나고 난 뒤에 아시도록 스승님께 부탁드려야겠다."

5. 오랫동안 진한 우정을 쌓아 왔던 장보고와 정년은 신라로 돌아가는 문제 앞에서 의견 차이를 보이고 결국 갈라서게 됩니다. 여러분이라면 이런 상황에서 어떤 결정을 내렸을지 적어 보세요.

6. 다음과 같은 상황에서 장보고의 심정은 어떠했을지 상상하여 써 보세요.

어느 날, 장보고와 정년은 신라방에서 살 때 도움을 주었던 사람들을 만나러 길을 떠났습니다. 가는 길에 신라에서 잡혀 와 노예가 된 불쌍한 아이들을 보게 되었습니다.
"이럴 수가!"
아이들을 구한 장보고는 몹시 분개했습니다.

_____

_____

7. 다음 글을 읽어 보세요. 여러분은 누구의 의견에 동의하나요? 그렇게 생각한 까닭은 무엇인가요?

채린 : 장보고는 정말 대단해. 그 시대에 어떻게 당나라로 건너가 꿈을 펼칠 생각을 했을까?
원상 : 하지만 꼭 신라를 떠나야만 했을까? 신라에서는 꿈을 이룰 수 없었을까?
채린 : 당연하지. 그런 엄격한 신분 제도 아래에서 가능했겠어?
원상 : 그렇다면 우리나라의 교육 제도가 마음에 들지 않는다고 해외로 조기 유학을 떠나는 학생들의 모습을 보면 어떤 생각이 들어? 장보고의 경우도 다를 바 없지 않나?

_____

_____

풀이

1. 정년

2. 청해진 대사

3. 법화원

4. 예시 : 크게 잘못된 행동이다. 어떠한 이유라도 부모님을 속여서는 안 된다. 정직이 모든 일의 근본이기 때문이다. 정직하지 않은 자가 뜻을 펼치고 꿈을 이룬다면 그것은 반쪽짜리 성공일 뿐이다. 부모님을 설득한 뒤 떳떳하게 배웅을 받으며 떠나는 것이 옳다고 생각한다.

5. 예시 : 장보고는 신라로 돌아가 해적들을 물리치고 싶어 했고, 정년은 당나라에서의 편안한 생활을 포기할 수 없었기 때문에 두 사람은 같은 길을 갈 수 없었다. 나 같으면 출세와 이익과 편안함을 다 포기한 채 어려운 길을 택하지는 못했을 것이다. 다만, 우정을 생각하여 당나라에 남아 장보고를 도울 수 있는 방법을 찾아보았을 것 같다.

6. 예시 : 그들은 힘이 없고 가난했기 때문에 반항할 겨를도 없이 잡혀 왔을 것이다. 나약한 고국의 백성들이 노예로 끌려와 고생하고 있는 모습을 다른 나라에서 보았으니 장보고는 더욱 마음이 아팠을 것이다. 또한 이런 현실을 못 본 체하고 자신만 편안히 지내기가 부끄러웠을 것이다.

7. 예시 : 채린의 의견에 동의한다. 하찮은 신분으로 태어난 장보고는 당시 신라의 신분 제도 아래에서는 꿈을 펼칠 수 없었기 때문에 용기 있는 선택을 한 것이다. 만약 신라에 그냥 남아 있었다면 몸은 편했겠지만 제대로 된 교육을 받기는 어려웠을 것이다. 영어를 배우기 위해, 또는 교육 현실을 피하기 위해 조기 유학을 떠나는 요즘 우리나라 학생들의 경우와는 다르다고 생각한다. 장보고는 어려운 상황을 극복하고 자신이 성공할 수 있는 길을 찾은 것이고, 다시 신라로 돌아와 나라를 위해 큰일을 했기 때문이다.

최무선
(1328~1395)

신사임당
(1504~1551)

한석봉
(1543~160)

황희
(1363~1452)

이이
(1536~1584)

이순신
(1545~159)

세종
대왕
(1397~1450)

허준
(1539~1615)

오성고
한음
(오성 1556~
1618 /
한음 1561~
1613)

광개토
태왕
(374~412)

연개
소문
(?~666)

장보고
(?~846)

장영실
(?~?)

유성룡
(1542~1607)

을지문덕
(?~?)

김유신
(595~673)

대조영
(?~719)

왕건
(877~943)

강감찬
(948~1031)

고구려
살수
대첩
(612)

견훤
후백제
건국
(900)

문익점
원에서
목화씨
가져옴
(1363)

허준
동의보
완성
(1610)

신라
삼국
통일
(676)

궁예
후고구려
건국
(901)

고려
강화로
도읍
옮김
(1232)

최무선
화약
만듦
(1377)

병자
호란
(1636)

고조선
건국
(B.C. 2333)

철기
문화
보급
(B.C.
300년경)

고조선
멸망
(B.C. 108)

고구려
불교
전래
(372)

신라
불교
공인
(527)

대조영
발해
건국
(698)

장보고
청해진
설치
(828)

왕건
고려
건국
(918)

귀주
대첩
(1019)

윤관
여진
정벌
(1107)

개경
환도,
삼별초
대몽
항쟁
(1270)

조선
건국
(1392)

훈민
정음
창제
(1443)

임진
왜란
(1592~1598)

한산도
대첩
(1592)

상평
통보
전국
유통
(1678)

| B.C. | 선사 시대 및 연맹 왕국 시대 | A.D. | 삼국 시대 | 698 남북국 시대 | 918 | 고려 시대 | 1392 |

| 2000 | 500 | 400 | 300 | 100 | 0 | 300 | 500 | 600 | 800 | 900 | 1000 | 1100 | 1200 | 1300 | 1400 | 1500 | 1600 |

| B.C. | 고대 사회 | A.D. 375 | 중세 사회 | 1400 |

중국
황하
문명
시작
(B.C.
2500년경)

인도
석가모니
탄생
(B.C. 563년경)

알렉
산더
대왕
동방
원정
(B.C. 334)

크리
스트교
공인
(313)

수나라
중국
통일
(589)

이슬람교
창시
(610)

러시아
건국
(862)

거란
건국
(918)

제1차
십자군
원정
(1096)

테무친
몽골
통일
칭기즈
칸이 됨
(1206)

원 멸망
명 건국
(1368)

잔
다르크
영국군
격파
(1429)

코페르니
쿠스
지동설
주장
(1543)

독일
30년
전쟁
(1618)

게르만
민족
대이동
시작
(375)

수 멸망
당나라
건국
(618)

송 태종
중국
통일
(979)

원 제국
성립
(1271)

구텐
베르크
금속
활자
발명
(1450)

도요토미
히데요시
일본
통일
(1590)

영국
청교도
혁명
(1642~164)

로마
제국
동서로
분열
(395)

뉴턴
만유
인력의
법칙
발견
(1665)

석가모니
(B.C. 563?~
B.C. 483?)

예수
(B.C. 4?~
A.D. 30)

칭기즈 칸
(1162~1227)

한국사 연표

인물 (한국)

- 정약용 (1762~1836)
- 김정호 (?~?)
- 주시경 (1876~1914)
- 김구 (1876~1949)
- 안창호 (1878~1938)
- 안중근 (1879~1910)
- 우장춘 (1898~1959)
- 방정환 (1899~1931)
- 유관순 (1902~1920)
- 윤봉길 (1908~1932)
- 이중섭 (1916~1956)
- 백남준 (1932~2006)
- 이태석 (1962~2010)

사건 (한국)

- 이승훈 천주교 전도 (1784)
- 최제우 동학 창시 (1860)
- 김정호 대동여지도 제작 (1861)
- 강화도 조약 체결 (1876)
- 지석영 종두법 전래 (1879)
- 갑신정변 (1884)
- 동학 농민 운동, 갑오개혁 (1894)
- 대한 제국 성립 (1897)
- 을사조약 (1905)
- 헤이그 특사 파견, 고종 퇴위 (1907)
- 한일 강제 합방 (1910)
- 3·1 운동 (1919)
- 어린이날 제정 (1922)
- 윤봉길·이봉창 의거 (1932)
- 8·15 광복 (1945)
- 대한민국 정부 수립 (1948)
- 6·25 전쟁 (1950~1953)
- 10·26 사태 (1979)
- 6·29 민주화 선언 (1987)
- 서울 올림픽 개최 (1988)
- 북한 김일성 사망 (1994)
- 의약 분업 실시 (2000)

시대 구분

조선 시대 | 1876 개화기 | 1897 대한 제국 | 1910 일제 강점기 | 1948 대한민국

| 1700 | 1800 | 1850 | 1860 | 1870 | 1880 | 1890 | 1900 | 1910 | 1920 | 1930 | 1940 | 1950 | 1970 | 1980 | 1990 | 2000 |

근대 사회 | 1900 현대 사회

사건 (세계)

- 미국 독립 선언 (1776)
- 프랑스 대혁명 (1789)
- 청·영국 아편 전쟁 (1840~1842)
- 미국 남북 전쟁 (1861~1865)
- 베를린 회의 (1878)
- 청·프랑스 전쟁 (1884~1885)
- 청·일 전쟁 (1894~1895)
- 헤이그 평화 회의 (1899)
- 영·일 동맹 (1902)
- 러·일 전쟁 (1904~1905)
- 제1차 세계 대전 (1914~1918)
- 러시아 혁명 (1917)
- 세계 경제 대공황 시작 (1929)
- 제2차 세계 대전 (1939~1945)
- 태평양 전쟁 (1941~1945)
- 국제 연합 성립 (1945)
- 소련 세계 최초 인공위성 발사 (1957)
- 제4차 중동 전쟁 (1973)
- 소련 아프가니스탄 침공 (1979)
- 미국 우주 왕복선 콜럼비아호 발사 (1981)
- 독일 통일 (1990)
- 유럽 11개국 단일 통화 유로화 채택 (1998)
- 미국 9·11 테러 (2001)

인물 (세계)

- 워싱턴 (1732~1799)
- 페스탈로치 (1746~1827)
- 모차르트 (1756~1791)
- 나폴레옹 (1769~1821)
- 링컨 (1809~1865)
- 나이팅게일 (1820~1910)
- 파브르 (1823~1915)
- 노벨 (1833~1896)
- 에디슨 (1847~1931)
- 가우디 (1852~1926)
- 라이트 형제 (형, 윌버 1867~1912 / 동생, 오빌 1871~1948)
- 아문센 (1872~1928)
- 슈바이처 (1875~1965)
- 마리 퀴리 (1867~1934)
- 간디 (1869~1948)
- 아인슈타인 (1879~1955)
- 헬렌 켈러 (1880~1968)
- 테레사 (1910~1997)
- 만델라 (1918~2013)
- 마틴 루서 킹 (1929~1968)
- 스티븐 호킹 (1942~2018)
- 오프라 윈프리 (1954~)
- 스티브 잡스 (1955~2011)
- 빌 게이츠 (1955~)

2022년 10월 25일 2판 4쇄 **펴냄**
2014년 2월 25일 2판 1쇄 **펴냄**
2008년 6월 30일 1판 1쇄 **펴냄**

펴낸곳 (주)효리원
펴낸이 윤종근
글쓴이 이 붕 · **그린이** 이태호
사진 제공 연합뉴스
등록 1990년 12월 20일 · **번호** 2-1108
우편 번호 03147
주소 서울시 종로구 삼일대로 457, 406호
전화 02)3675-5222 · **팩스** 02)765-5222

ISBN 978-89-281-0343-0 64990

이메일 hyoreewon@hyoreewon.com
홈페이지 www.hyoreewon.com